P9-CAP-423

Les bêtises du père Noël

Texte : Louise Tondreau-Levert
Illustrations : Pascale Bourguignon

Dominique et compagnie

Juju, les jumeaux et moi, nous aimons un peu,
beaucoup, énormément le père Noël !

Ça tombe bien, car dès la fin de novembre
il est partout : au centre commercial, au cinéma,
à la patinoire et même chez le coiffeur.

VENDREDI - SAMEDI - DIMANCHE

LE PÈRE NOËL EST PARTOUT

Un matin de décembre, nous trouvons un livre sous le sapin. Il s'intitule *Toute la vérité sur le père Noël.*

– Mais qui l'a déposé là? demande Juju.

Les jumeaux pensent que c'est un lutin coquin.

Curieux, on ouvre immédiatement le livre.
Voici ce qui y est écrit :

Le père Noël est le roi de la bêtise.
Vous ne le croyez pas? Eh bien, tournez la page!

C'est ce qu'on fait aussitôt.

Dès qu'il se réveille, le père
Noël sort saluer ses amis
sur la banquise. Il oublie
qu'il est encore en pyjama.
Sans bottes ni manteau,
il revient très vite
à la maison !

Les jumeaux, Juju et moi,
nous nous écrions :

– Qu'il est endormi,
ce père Noël !

9

Ensuite, le père Noël enfile son pantalon.
Oh! oh! Il s'aperçoit qu'il a mis la culotte
de la mère Noël au lieu de son caleçon.

Le bon vieillard est plus rouge que le nez
de Rudolphe!

– Qu'il est dans la lune, ce père Noël!

Pour déjeuner, le père Noël se prépare un bon chocolat chaud. Mais plutôt que de mettre du chocolat dans sa tasse, il y verse de la poudre magique.

Oups! Il s'envole et heurte le plafond de la cuisine.
Un lutin coquin l'aide à descendre avant qu'il
se blesse.

– Qu'il est distrait, ce père Noël!

Le père Noël est affamé. Il se dépêche de beurrer
ses tartines. Dans son empressement, il étend
de la confiture sur la liste des enfants sages.
Heureusement, la mère Noël est là. Elle l'aide
à tout nettoyer. Aucun nom n'a été effacé !

– Qu'il est maladroit, ce père Noël !

Après le déjeuner, le père Noël se rend
à son atelier. Comme toujours, en entrant,
il retire ses bottes mouillées. Mais… aïe! il met
le pied sur un jouet qu'il n'avait pas rangé.

– Ouille ! Ouille ! Mes orteils ! s'écrie le gros bonhomme.

– Qu'il est désordonné, ce père Noël !

18

Pendant qu'il prépare
les cadeaux, le père Noël
mâche sa gomme préférée.

Il s'amuse à faire des bulles.
Oh non ! L'une d'elles éclate !
Sa barbe est maintenant
toute rose !

– Qu'elle est drôle, la barbe
colorée du père Noël !

Pour la collation, le père Noël mange des biscuits.
Il les aime tous, qu'ils soient au gingembre,
aux raisins, au chocolat, au caramel ou aux carottes !

Il en mange tellement que son ventre devient très gros et… toc! les boutons de sa veste sautent et… plouf! plongent dans le thé de la mère Noël.

– Qu'il est gourmand, ce père Noël!

Au moment de partir, le père Noël cherche
les grelots des rennes. Comète refuse de bouger
s'il n'a pas les siens. Les lutins ont fouillé partout
sans rien trouver.

Mais… cling cling cling…
Quel est ce bruit?
Oh! le père Noël les avait mis
sous son bonnet!

– Qu'il est étourdi, ce père Noël!

Juju, les jumeaux et moi, nous ne croyons pas
que le père Noël fasse autant de bêtises.
C'est sûrement une blague des lutins.
Nous décidons d'aller voir le gentil vieillard
au centre commercial. Il nous dira la vérité, lui.

Une fois sur les genoux du père Noël,
Juju lui pose la question.

– Mais non, voyons ! Je ne fais jamais de bêtises,
répond le père Noël. Ce sont les lutins
qui n'arrêtent pas de me jouer des tours !

Mais il doit repartir aussitôt, car on l'appelle.
Son traîneau est mal garé et les rennes risquent
de se blesser.

À Noël, Juju déballe
une cuillère de bois.
Les jumeaux reçoivent
un rouleau à pâtisserie
et une toque de cuisinier.
Dans mon paquet,
il y a un grand tablier.

Ce n'est pas du tout ce que
nous avions demandé !

Qui est responsable
de l'erreur ?
Le père Noël gaffeur
ou les lutins farceurs ?

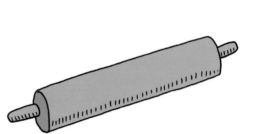

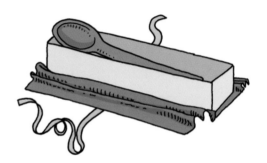

Malgré toutes ses bêtises, nous aimons le père Noël
un peu, beaucoup, énormément, à la folie !

FIN !

As-tu lu bien attentivement ?

C'est ce qu'on va voir...

Essaie de répondre aux questions suivantes.

1- Où les enfants trouvent-ils le livre sur le père Noël ?
a) Sous la table.
b) Sous le sapin.
c) Sous le lit.

2- Que met le père Noël dans son chocolat chaud ?
a) De la poudre magique.
b) Du sucre.
c) Une canne de Noël.

3- Sur quoi le père Noël étend-il de la confiture ?
a) Le nez de mère Noël.
b) Sa barbe.
c) La liste des enfants sages.

4- Comment s'appelle le renne qui refuse de partir sans ses grelots ?
a) Castagnette.
b) Cupidon.
c) Comète.

Tu peux vérifier tes réponses en consultant le site Internet des éditions Dominique et compagnie, à :
www.dominiqueetcompagnie.com/apasdeloup.

À cette adresse, tu trouveras aussi des jeux, des informations sur les autres titres de la collection, des renseignements sur l'auteure et l'illustratrice et plein de choses intéressantes !

Cette histoire t'a plu?

Tu as envie de lire d'autres histoires de bêtises?

Collection À pas de loup/ À petits pas